El Imperio del Narcotráfico

Andy López

4

© Andy López
El Imperio del Narcotráfico

ISBN papel: 978-84-685-8379-2
ISBN pdf: 978-84-685-8380-8

Impreso en España
Editado por Bubok Publishing S.L.

Dedicado a quienes luchan desde las sombras contra la violencia y el caos que el narcotráfico deja a su paso, y a todas las personas cuyas vidas han sido marcadas por esta guerra silenciosa. Que este libro sea un eco de la verdad y una llamada a la esperanza.

El Tráfico de Drogas: Un Ensayo sobre su Impacto Social, Económico y Político

El tráfico de drogas, con su red de producción, distribución y consumo, es un fenómeno que afecta a todos los rincones del mundo. Es un negocio que mueve miles de millones de dólares y tiene ramificaciones profundas en la sociedad, la economía y la política. Para comprender el impacto total del tráfico de drogas, es necesario examinar cada uno de estos aspectos con detalle.

La producción de drogas ilícitas comienza en las regiones más remotas y vulnerables del mundo. Las plantas de coca, por ejemplo, se cultivan en áreas montañosas de países como Colombia, Perú y Bolivia. Estas regiones suelen tener una infraestructura limitada y economías dependientes de cultivos de subsistencia. La presencia de cultivos ilegales puede ser una salida económica para comunidades empobrecidas, pero también introduce problemas graves, como la violencia y la corrupción. La transformación de la hoja de coca en cocaína requiere laboratorios clandestinos, que a menudo están protegidos por grupos armados que utilizan la violencia para mantener el control de sus territorios.

La heroína, obtenida a partir de la adormidera, se cultiva en áreas como el triángulo dorado de Asia (Birmania, Laos y Tailandia) y Afganistán. El cultivo de adormidera es igualmente problemático, ya que está ligado a la violencia y a la financiación de conflictos armados en estas regiones. La producción de heroína implica la conversión de la goma de opio en morfina y, posteriormente, en heroína, a menudo en laboratorios rudimentarios que operan en condiciones insalubres.

Las metanfetaminas, que se producen a partir de precursores químicos como la efedrina y la pseudoefedrina, se fabrican en laboratorios clandestinos que pueden estar ubicados en cualquier parte del mundo. Estos laboratorios varían en tamaño desde operaciones pequeñas en viviendas hasta grandes fábricas en regiones con regulaciones laxas.

El proceso de distribución es igualmente complejo. Las redes de tráfico de drogas operan a nivel local, nacional e internacional. El tráfico de drogas a menudo sigue rutas establecidas que incluyen múltiples países y regiones. Estas redes utilizan métodos sofisticados para evadir la detección, incluyendo el uso de tecnología avanzada, rutas de transporte ocultas y corrupción en aduanas y fuerzas de seguridad. Las drogas llegan a mercados de consumo a través de intermediarios y organizaciones criminales que manejan la logística del transporte, la venta al por mayor y la venta al por menor.

El consumo de drogas y sus consecuencias son profundos y variados. En las sociedades consumidoras, el tráfico de drogas lleva a una serie de problemas de salud pública. El consumo de sustancias puede provocar una serie de efectos adversos, desde problemas de salud física y mental hasta una dependencia que puede destruir vidas y comunidades. Las enfermedades transmitidas por agujas, como el VIH/SIDA y la hepatitis, son comunes entre los usuarios de drogas intravenosas. Además, el consumo de drogas a menudo está asociado con problemas sociales como el desempleo, la delincuencia y el deterioro de la cohesión social.

Los costos económicos del tráfico de drogas son significativos. Los gobiernos gastan grandes sumas en la lucha contra el narcotráfico, desde operaciones policiales hasta el sistema judicial y los centros de rehabilitación. Los costos asociados con el tratamiento de adicciones y los daños relacionados con el consumo también son elevados. En muchos casos, los recursos destinados a estas áreas podrían haber sido utilizados para otras necesidades sociales, como educación y desarrollo económico.

Desde una perspectiva política, el tráfico de drogas plantea un desafío monumental. La guerra contra las drogas, un enfoque dominante en muchas políticas internacionales, ha tenido resultados mixtos. En algunos países, las políticas de mano dura han llevado a la encarcelación masiva, afectando desproporcionadamente a las comunidades de bajos ingresos y minorías. Estos enfoques han sido criticados por perpetuar ciclos de pobreza y exclusión social, y por desviar recursos de estrategias más efectivas y humanas.

En contraste, algunos países han comenzado a experimentar con enfoques alternativos. La legalización y regulación de ciertas drogas, como la marihuana, ha sido adoptada en varias jurisdicciones con el objetivo de reducir el mercado negro, disminuir la carga sobre el sistema judicial y aumentar los ingresos fiscales. Estos enfoques no están exentos de controversia, pero ofrecen un camino diferente al de la criminalización y el castigo.

El tráfico de drogas también está relacionado con cuestiones de justicia social y derechos humanos. Las políticas antidrogas pueden tener efectos desproporcionados sobre las poblaciones vulnerables, exacerbando desigualdades existentes y afectando a personas que ya enfrentan múltiples desventajas. Las estrategias de reducción de daños, que incluyen la provisión de servicios de salud y programas de prevención, se están volviendo cada vez más prominentes como alternativas a las políticas punitivas.

En el ámbito global, el tráfico de drogas también tiene implicaciones en la seguridad internacional. Las organizaciones criminales transnacionales que participan en el tráfico de drogas pueden influir en la estabilidad de regiones enteras, alimentando conflictos y socavando las instituciones estatales. La cooperación internacional es esencial para combatir el tráfico de drogas, pero los esfuerzos globales deben ser coordinados y adaptados a las realidades locales para ser efectivos.

En conclusión, el tráfico de drogas es un fenómeno que abarca aspectos sociales, económicos y políticos profundos y entrelazados. Para abordar este problema de manera efectiva, es necesario un enfoque integral que no solo se centre en la represión y la penalización, sino que también contemple la prevención, el tratamiento y la reducción de daños. Solo a través de una comprensión profunda de las causas subyacentes y de la implementación de políticas equilibradas y humanas se puede esperar enfrentar y eventualmente mitigar el impacto del tráfico de drogas en la sociedad global.

La Producción de Drogas: Un Análisis Detallado

La producción de drogas ilícitas es un proceso altamente especializado que varía según el tipo de droga y la región donde se lleva a cabo. Este proceso no solo involucra la siembra y cosecha de materias primas, sino también su transformación en sustancias consumibles. Cada tipo de droga tiene un ciclo de producción único, que suele estar acompañado por una serie de problemas sociales, económicos y ambientales.

Para entender completamente la producción de drogas, es fundamental examinar las etapas específicas involucradas en la creación de las principales sustancias ilícitas: cocaína, heroína y metanfetaminas.

Cocaína: Desde la Hoja de Coca hasta la Cocaína Pura

La producción de cocaína es un proceso intrincado que comienza con el cultivo de la planta de coca en regiones específicas y culmina con la obtención de un producto altamente refinado. Este proceso no solo involucra aspectos técnicos y químicos complejos, sino que también está profundamente arraigado en contextos económicos, sociales y políticos que afectan a las regiones productoras.

Cultivo de la Planta de Coca

La planta de coca, *Erythroxylum coca*, se cultiva principalmente en regiones montañosas y selváticas de América del Sur, incluyendo Colombia, Perú y Bolivia. Estas áreas presentan condiciones climáticas ideales para el cultivo de coca: suelos ricos en nutrientes, temperaturas estables y un ambiente húmedo. La siembra de coca requiere terrenos con altitud y clima específicos que proporcionan las condiciones óptimas para el crecimiento de la planta.

Los agricultores que cultivan coca suelen vivir en áreas rurales empobrecidas donde las oportunidades económicas legítimas son limitadas. En estas regiones, el cultivo de coca representa una fuente vital de ingresos, a menudo superando las ganancias de los cultivos legales debido a los altos precios que los carteles de drogas están dispuestos a pagar. Sin embargo, esta dependencia económica también atrae a organizaciones criminales que controlan el mercado de cocaína y explotan a los agricultores mediante acuerdos abusivos.

Extracción de la Pasta de Cocaína

Una vez que las hojas de coca han sido cosechadas, son transportadas a laboratorios clandestinos, ubicados en zonas remotas o en áreas de difícil acceso para las autoridades. El primer paso en la transformación de las hojas de coca en cocaína es la producción de pasta de coca. Este proceso involucra varios pasos químicos:

Maceración y Extracción: Las hojas de coca se remojan en una solución de agua y solventes básicos, como gasolina o queroseno, que disuelven los alcaloides presentes en las hojas. La mezcla resultante se filtra para separar el líquido, que contiene la cocaína disuelta, de los sólidos vegetales.

Formación de Pasta: El líquido filtrado se combina con ácidos, como ácido sulfúrico o clorhídrico, y otros reactivos. Este proceso induce la precipitación de la cocaína en forma de una pasta pegajosa, que se seca y se prensa en bloques. Esta pasta de cocaína puede tener un alto contenido de impurezas y no está lista para el consumo.

Refinamiento a Cocaína Pura

La pasta de cocaína se transporta a laboratorios más avanzados donde se lleva a cabo el proceso de refinamiento para obtener cocaína pura. Este proceso implica los siguientes pasos:

Purificación: La pasta de cocaína se disuelve en un solvente, como acetona o éter, para eliminar impurezas y productos secundarios. Esta disolución se filtra y se procesa mediante la adición de ácidos y bases que purifican aún más la cocaína. El resultado es una cocaína base que todavía contiene ciertas impurezas y debe ser convertida en su forma final.

Conversión a Clorhidrato de Cocaína: La cocaína base se disuelve en agua y se mezcla con ácido clorhídrico, produciendo clorhidrato de cocaína, que es la forma más pura y estable del producto. Este compuesto es un polvo blanco cristalino que se utiliza en el mercado ilícito. El proceso final puede incluir la recristalización para asegurar la pureza del producto.

Transformación en Crack

El clorhidrato de cocaína puede ser transformado en una forma más accesible y adictiva conocida como crack. Este proceso implica la mezcla de cocaína en polvo con bicarbonato de sodio y agua, y la cocción de la mezcla hasta que se forma una sustancia sólida que se puede romper en pequeños fragmentos o "rocks". El crack tiene un alto potencial de adicción debido a su rápida acción en el cerebro y es frecuentemente utilizado en áreas urbanas debido a su bajo costo comparado con la cocaína en polvo.

Contexto Social y Ambiental

El proceso de producción de cocaína tiene profundas implicaciones sociales y ambientales. El cultivo de coca y la producción de cocaína están íntimamente ligados a la violencia y la corrupción. Las organizaciones criminales que controlan la cadena de producción a menudo recurren a métodos violentos para proteger sus operaciones y mantener el control sobre las regiones productoras. Esto puede llevar a conflictos armados, desplazamiento forzado y violaciones de derechos humanos.

El impacto ambiental también es significativo. Los laboratorios clandestinos a menudo utilizan solventes y químicos tóxicos que pueden contaminar el suelo y las fuentes de agua locales. La deforestación asociada con el cultivo de coca también contribuye a la pérdida de biodiversidad y al deterioro de los ecosistemas en las regiones afectadas.

Respuesta Internacional

La lucha contra la producción de cocaína involucra una variedad de enfoques internacionales, incluyendo la erradicación de cultivos, la sustitución de cultivos y la cooperación con gobiernos locales. Sin embargo, estos enfoques enfrentan desafíos significativos, como la replantación de cultivos en nuevas áreas y la resistencia de las comunidades locales que dependen económicamente de la coca. Las estrategias efectivas requieren un enfoque integral que incluya desarrollo económico alternativo, educación y programas de desarrollo comunitario para abordar las causas subyacentes del cultivo de coca.

En conclusión, la producción de cocaína es un proceso que implica una serie de etapas técnicas y químicas complejas, pero que también está profundamente enraizado en contextos socioeconómicos y ambientales problemáticos. Comprender estos procesos y sus impactos es crucial para abordar de manera efectiva el problema del tráfico de cocaína y desarrollar soluciones sostenibles que beneficien tanto a las comunidades productoras como a la sociedad global en su conjunto.

Heroína: Del Opio a la Heroína

La producción de heroína es un proceso químico meticuloso que se inicia con el cultivo de la adormidera, una planta que prospera en condiciones específicas y cuyo cultivo está asociado con importantes problemas sociales y económicos. La transformación de la adormidera en heroína involucra varias etapas críticas que requieren tanto habilidad técnica como control riguroso por parte de organizaciones criminales.

Cultivo de la Adormidera

La adormidera, *Papaver somniferum*, es la planta base para la producción de heroína. Su cultivo se concentra principalmente en el sudeste asiático, en países como Birmania (Myanmar), Laos, Tailandia, y en Afganistán, que es el mayor productor global. El cultivo de adormidera requiere un clima templado con inviernos fríos y veranos cálidos. Los suelos deben ser ricos en nutrientes y bien drenados para permitir un crecimiento óptimo.

La plantación y el cultivo de adormidera son intensivos en mano de obra. Los agricultores deben realizar un seguimiento cuidadoso de las plantas, especialmente durante la fase de floración. La recolección de la goma de opio se realiza en el momento justo, cuando las cápsulas de la adormidera están maduras pero aún verdes. Este proceso manual requiere habilidad y es arduo, ya que involucra cortar las cápsulas y recolectar el látex que se filtra.

Extracción y Procesamiento de la Goma de Opio

Una vez que las cápsulas de adormidera se han cortado, el látex, conocido como goma de opio, se recoge y se deja secar al aire. La goma de opio contiene varios alcaloides, entre ellos la morfina, que es el componente activo que se convertirá en heroína. La calidad y la concentración de la goma de opio pueden variar dependiendo de factores como el clima, el suelo y las técnicas de cultivo.

La goma de opio seca se transporta a laboratorios clandestinos donde se lleva a cabo el primer proceso químico: la conversión de goma de opio en morfina. Este proceso implica varios pasos:

Disolución y Filtración: La goma de opio se disuelve en agua, y el líquido se filtra para eliminar impurezas no deseadas. Este líquido filtrado, que contiene morfina y otros compuestos, se procesa químicamente para extraer la morfina.

Purificación de la Morfina: La morfina se separa de otros compuestos presentes en la goma de opio mediante reacciones químicas que utilizan ácidos y bases. La morfina pura se obtiene como un polvo blanco o una sustancia cristalina.

Conversión de Morfina a Heroína

La conversión de morfina a heroína es el siguiente paso crítico en el proceso de producción. Este proceso se realiza en laboratorios clandestinos, y consta de las siguientes etapas:

Acetilación: La morfina se somete a un proceso químico conocido como acetilación. Se mezcla con anhídrido acético o cloruro de acetilo en presencia de un ácido, como ácido acético. Este proceso transforma la morfina en heroína mediante la adición de grupos acetilo, que incrementan la potencia y la solubilidad de la sustancia.Purificación y Cristalización: Después de la acetilación, la heroína cruda se purifica mediante la disolución en solventes y la adición de soluciones ácidas para remover impurezas. La heroína pura se cristaliza a partir de esta solución, produciendo un polvo blanco o marrón. Este polvo se seca y se empaqueta para su distribución en el mercado ilícito.

Formas y Presentación de la Heroína

La heroína puede presentarse en diferentes formas, cada una con sus características específicas:

Polvo Blanco: La heroína en polvo blanco es la forma más pura y generalmente se vende en mercados internacionales. Esta forma puede ser inyectada, inhalada o aspirada.

Polvo Marrón: También conocida como "brown sugar" o "brown heroin", la heroína en polvo marrón tiene una menor pureza y puede estar mezclada con otros productos. Su color se debe a la presencia de impurezas y residuos del proceso de producción.

Tar: La heroína "tar", o "black tar heroin", es una forma menos refinada de heroína que tiene una consistencia pegajosa o dura. Se encuentra comúnmente en América del Norte y se produce principalmente en México. La heroína "tar" puede ser menos pura y a menudo se utiliza de manera diferente a la heroína en polvo.

Impacto Social y Económico

La producción de heroína está profundamente ligada a problemas sociales y económicos en las regiones productoras. El cultivo de adormidera y la producción de heroína están asociados con una serie de desafíos:

Violencia y Conflictos: Las regiones productoras de adormidera suelen ser zonas de conflicto, donde los grupos armados y las organizaciones criminales luchan por el control del cultivo y la producción. Esta violencia afecta a las comunidades locales y perpetúa un ciclo de inseguridad.

Economía Ilícita: La producción de heroína crea una economía paralela que alimenta la corrupción y la criminalidad. Los ingresos generados por el tráfico de heroína se utilizan para financiar otras actividades ilegales y violaciones de derechos humanos.

Salud y Medio Ambiente: El cultivo de adormidera y la producción de heroína también tienen impactos negativos en la salud y el medio ambiente. La exposición a químicos utilizados en el procesamiento puede afectar la salud de los agricultores y los trabajadores. Además, la deforestación y el uso intensivo de tierras para el cultivo de adormidera contribuyen al deterioro ambiental.

Respuesta Internacional

Las respuestas internacionales al problema de la heroína incluyen la erradicación de cultivos, programas de desarrollo alternativo y cooperación entre países. Estos esfuerzos buscan reducir la producción de heroína y mitigar sus impactos negativos. Sin embargo, estos enfoques deben ser integrales y adaptarse a las realidades locales para ser efectivos y sostenibles.

En conclusión, la producción de heroína es un proceso que implica la transformación de la adormidera en una droga altamente adictiva y peligrosa. Este proceso está intrínsecamente vinculado a desafíos significativos que afectan a las regiones productoras y a la salud global. Comprender cada etapa del proceso es esencial para desarrollar estrategias efectivas que aborden tanto la oferta como la demanda de heroína y sus consecuencias.

Metanfetaminas: De Precursores Químicos a Metanfetaminas

La producción de metanfetaminas, una droga sintética altamente adictiva, involucra una serie de procesos químicos complejos que comienzan con la síntesis de compuestos básicos y culminan en la creación de una sustancia de alta potencia. Este proceso, aunque químicamente sofisticado, está asociado con riesgos significativos para la salud humana y el medio ambiente, así como con problemas de seguridad pública debido a la naturaleza clandestina de su producción.

Precursores Químicos y su Obtención

La metanfetamina se sintetiza a partir de precursores químicos, principalmente la efedrina y la pseudoefedrina. Estos compuestos se encuentran comúnmente en medicamentos de venta libre para el tratamiento de resfriados y alergias, lo que complica la regulación y el control de su distribución. La efedrina y la pseudoefedrina actúan como precursores cruciales en la fabricación de metanfetaminas debido a sus estructuras químicas similares a las de la metanfetamina final.

Efedrina: Este compuesto es un estimulante que se encuentra en medicamentos para la congestión nasal y el asma. En el laboratorio clandestino, la efedrina se convierte en metanfetamina mediante un proceso químico específico.

Pseudoefedrina: Similar a la efedrina, la pseudoefedrina también se usa en tratamientos para la congestión nasal. Aunque es más difícil de convertir que la efedrina, sigue siendo un precursor popular debido a su disponibilidad.

La adquisición de estos precursores suele involucrar la compra en grandes cantidades de productos de venta libre o el contrabando desde otros países, a menudo mediante fraude o evasión de regulaciones.

Procesos de Síntesis y Producción

La síntesis de metanfetaminas se realiza en laboratorios clandestinos que varían en tamaño y sofisticación. Estos laboratorios pueden ser desde pequeños talleres en residencias hasta instalaciones industriales más grandes. Los métodos utilizados para la producción de metanfetaminas son diversos y complejos, y pueden incluir:

Método Reductive Amination: Este es el método más común para la síntesis de metanfetaminas. En este proceso, la efedrina o pseudoefedrina se trata con un reactivo reductor, como el litio o el sodio en amoníaco líquido, para reducir el grupo cetona a un grupo amina. Este método requiere de precisión química y control de condiciones, y produce metanfetamina en su forma cristalina o en polvo.

Método Birch (Nazi Method): Este método utiliza reactivos como el cloruro de hidrógeno y el yodo para reducir la efedrina a metanfetamina. Aunque menos común que el método reductivo, este proceso es conocido por su alta peligrosidad debido a los reactivos tóxicos y a las condiciones extremadamente reactivas involucradas.

Riesgos Químicos y Ambientales

La producción de metanfetaminas es altamente tóxica y peligrosa debido a los reactivos químicos utilizados en el proceso:

Exposición a Reactivos Tóxicos: Los laboratorios clandestinos utilizan sustancias peligrosas como el yodo, el cloruro de hidrógeno, el litio y el amoníaco. La exposición a estos químicos puede causar graves daños a la salud de los trabajadores, incluyendo quemaduras químicas, problemas respiratorios y efectos neurológicos.

Residuos Químicos: Los procesos de síntesis generan residuos químicos que son altamente tóxicos y que, si no se manejan adecuadamente, pueden contaminar el suelo, el agua y el aire. La disposición inadecuada de estos residuos puede tener consecuencias ambientales devastadoras, afectando ecosistemas locales y la salud de las comunidades cercanas.

Riesgos de Explosiones e Incendios: La producción de metanfetaminas a menudo ocurre en entornos peligrosos debido al uso de reactivos inflamables y explosivos. Las instalaciones clandestinas pueden ser propensas a incendios y explosiones, representando un riesgo para la seguridad de los trabajadores y de las personas en áreas circundantes.

Impacto en la Salud y la Comunidad

El impacto de la producción de metanfetaminas va más allá de los riesgos químicos. La presencia de laboratorios clandestinos puede tener graves consecuencias para la salud pública y la seguridad de las comunidades:

Problemas de Salud para Trabajadores: Los trabajadores en laboratorios de metanfetaminas a menudo sufren de problemas de salud debido a la exposición a sustancias químicas tóxicas. Estos problemas pueden incluir enfermedades respiratorias, daños en la piel, problemas neurológicos y efectos a largo plazo que pueden no ser inmediatamente evidentes.

Contaminación Ambiental: La contaminación resultante de la producción de metanfetaminas puede afectar el agua potable y los suelos agrícolas. Los productos químicos residuales pueden entrar en la cadena alimentaria, afectando la salud de las personas y animales en las cercanías.

Efectos Sociales y Comunitarios: Las actividades de producción de metanfetaminas suelen estar acompañadas de problemas sociales, como el aumento de la criminalidad y la violencia. Las comunidades cercanas a laboratorios clandestinos pueden experimentar problemas relacionados con el tráfico de drogas y la seguridad, así como una disminución en la calidad de vida debido a la contaminación y al riesgo de accidentes.

Medidas de Control y Prevención

La lucha contra la producción de metanfetaminas involucra varios enfoques, entre los cuales se incluyen:

Regulación de Precursores: Las políticas para controlar la venta y distribución de efedrina y pseudoefedrina, como la implementación de registros y restricciones en la compra, buscan reducir el acceso a estos precursores.

Operativos de Desmantelamiento: Las agencias de seguridad y las fuerzas de orden público llevan a cabo operativos para identificar y desmantelar laboratorios clandestinos. Esto incluye la cooperación entre agencias nacionales e internacionales para abordar la producción y el tráfico de metanfetaminas.

Educación y Prevención: Los programas de educación y prevención buscan aumentar la conciencia sobre los peligros de las metanfetaminas y reducir la demanda de esta droga. Estos programas pueden incluir campañas de sensibilización y servicios de apoyo para personas afectadas por la adicción.

En resumen, la producción de metanfetaminas es un proceso químico complejo y peligroso que ticnc consecuencias significativas para la salud, el medio ambiente y la seguridad pública. Comprender los aspectos técnicos de su producción y los riesgos asociados es crucial para desarrollar estrategias efectivas de prevención y control que aborden tanto la oferta como la demanda de esta peligrosa droga.

Impacto Social y Ambiental de la Producción de Drogas Ilícitas

La producción de drogas ilícitas tiene efectos profundos y devastadores tanto en las comunidades locales como en el medio ambiente. Estos impactos se extienden desde la desestabilización económica y social hasta la contaminación ambiental, afectando negativamente a la calidad de vida y al equilibrio ecológico.

A continuación, se detallan estos efectos en mayor profundidad. Desestabilización Económica y Social.La producción de drogas ilícitas puede desestabilizar las economías locales de diversas maneras. En las regiones productoras, el cultivo de drogas a menudo desplaza las actividades económicas legítimas, como la agricultura de alimentos básicos, lo que lleva a una dependencia económica de las actividades ilícitas.

Esto tiene varios efectos negativos:Reducción de la Diversidad Económica: Las comunidades que dependen de cultivos ilícitos a menudo encuentran que su economía se vuelve monótona y dependiente de un solo sector.

Esto puede llevar a una falta de oportunidades económicas sostenibles y a la vulnerabilidad ante cambios en el mercado de drogas.

Deterioro de Infraestructuras y Servicios Públicos: Las economías afectadas por la producción de drogas pueden experimentar una disminución en la inversión en infraestructura y servicios públicos. Los recursos que podrían haberse utilizado para mejorar las escuelas, hospitales y carreteras se desvían hacia la protección de los territorios de cultivo y el manejo de los conflictos asociados.

Violencia y Conflicto.

La violencia es una consecuencia significativa de la producción de drogas ilícitas. La competencia por el control de los territorios de cultivo y los laboratorios clandestinos frecuentemente lleva a conflictos violentos:

Conflictos Armados: En muchas regiones productoras, especialmente en América del Sur y el sudeste asiático, los grupos armados y las organizaciones criminales luchan por el control de los recursos relacionados con la producción de drogas. Esto puede llevar a conflictos armados prolongados que afectan gravemente a las comunidades locales.

Desplazamiento Forzado: La violencia y los enfrentamientos entre grupos armados y fuerzas de seguridad pueden forzar a las personas a abandonar sus hogares. El desplazamiento forzado puede causar crisis humanitarias, con personas desplazadas que a menudo enfrentan condiciones precarias y falta de acceso a servicios básicos.

Problemas de Salud y Seguridad.

La producción de drogas no solo afecta la seguridad pública debido a la violencia, sino que también tiene impactos directos en la salud de las personas:

Exposición a Sustancias Tóxicas: Los productos químicos utilizados en la producción de drogas, como ácidos, solventes y reactivos, pueden tener efectos graves en la salud de las personas expuestas. Las comunidades cercanas a laboratorios clandestinos pueden enfrentar problemas de salud relacionados con la exposición a estas sustancias.

Aumento de la Criminalidad: La presencia de laboratorios clandestinos y las actividades asociadas con el tráfico de drogas pueden incrementar la criminalidad en las áreas circundantes. Esto puede manifestarse en forma de robos, asaltos y otros delitos que afectan la calidad de vida y la seguridad de las personas.

Impacto Ambiental.

Contaminación del Suelo y del Agua.

La producción de drogas ilícitas genera residuos químicos que pueden tener efectos devastadores en el medio ambiente:

Contaminación de Fuentes de Agua: Los químicos utilizados en la producción de drogas a menudo se desechan en fuentes de agua cercanas, como ríos y arroyos. Esta contaminación puede afectar la calidad del agua potable y dañar ecosistemas acuáticos, provocando la muerte de peces y otros organismos acuáticos, y comprometiendo la salud de las personas que dependen de estas fuentes de agua.

Contaminación del Suelo: Los residuos químicos y los desechos generados en los laboratorios clandestinos pueden infiltrarse en el suelo, afectando la fertilidad y la capacidad del
suelo para sustentar cultivos. La contaminación del suelo también puede hacer que las
tierras sean peligrosas para la agricultura y la
vida silvestre.

Deforestación y Degradación del Hábita.

El cultivo de plantas utilizadas para la producción de drogas, como la coca y la amapola, a
menudo lleva a la deforestación y a la degradación del hábitat natural:

Pérdida de Biodiversidad: La deforestación
para dar paso a los cultivos de drogas puede
llevar a la pérdida de biodiversidad. Los hábi-
tats naturales son destruidos, afectando a las
especies que dependen de estos ecosistemas
para su supervivencia.

Erosión del Suelo: La eliminación de vegeta-
ción para el cultivo de drogas puede provocar
una mayor erosión del suelo. La pérdida de
cobertura vegetal aumenta la vulnerabilidad
del suelo a la erosión, lo que puede llevar a la

degradación del terreno y a problemas de sedimentación en cuerpos de agua cercanos.

Riesgos de Contaminación Ambiental en Laboratorios Clandestinos.

Los laboratorios clandestinos para la producción de metanfetaminas y otras drogas sintéticas representan un riesgo significativo para el medio ambiente debido a la gestión inadecuada de los residuos químicos:

Contaminación por Residuos Químicos: Los productos químicos utilizados en la síntesis de drogas pueden contaminar el entorno si no se manejan adecuadamente. Esto incluye la liberación de sustancias tóxicas en el suelo y el agua, así como la emisión de vapores peligrosos.

Riesgos de Explosiones e Incendios: La presencia de sustancias inflamables y explosivas en los laboratorios clandestinos puede provocar incendios y explosiones. Estos incidentes no solo ponen en peligro la vida de los trabajadores, sino que también pueden causar daños ambientales significativos, como la liberación de sustancias químicas tóxicas al aire.

Respuestas y Soluciones.

Para abordar estos problemas sociales y ambientales, es necesario adoptar enfoques integrales que combinen la intervención en el nivel de producción con esfuerzos para apoyar a las comunidades afectadas y proteger el medio ambiente:

Desarrollo de Alternativas Económicas: Implementar programas de desarrollo alternativo que ofrezcan opciones económicas sostenibles a las comunidades puede ayudar a reducir la dependencia del cultivo de drogas ilícitas y mejorar la estabilidad económica.

Regulación y Gestión Ambiental: Promover regulaciones más estrictas sobre el manejo de productos químicos y la disposición de residuos es esencial para minimizar la contaminación y proteger los ecosistemas. Esto incluye la implementación de normativas para la gestión segura de productos químicos y la limpieza de sitios contaminados.

Apoyo a las Comunidades Afectadas: Brindar apoyo a las comunidades afectadas por la producción de drogas, incluyendo servicios de salud, programas de rehabilitación y asistencia para el desplazamiento forzado, puede ayudar a mitigar los impactos negativos y promover la recuperación.

Cooperación Internacional: La colaboración entre países y organizaciones internacionales es crucial para abordar el tráfico de drogas y sus consecuencias. Esto incluye el intercambio de información, la asistencia técnica y la implementación de políticas integradas para combatir el tráfico de drogas y proteger el medio ambiente.

En conclusión, el impacto social y ambiental de la producción de drogas ilícitas es amplio y profundo, afectando a las comunidades y al medio ambiente de diversas maneras. Abordar estos problemas requiere un enfoque holístico que integre la prevención, la intervención y el apoyo para mitigar los efectos negativos y promover un desarrollo sostenible.

Respuesta Internacional y Desafíos en la Lucha Contra la Producción de Drogas Ilícitas
La lucha contra la producción de drogas ilícitas ha llevado a la implementación de una se-

rie de intervenciones internacionales y nacionales diseñadas para reducir la oferta de estas sustancias y mitigar sus impactos. Estas intervenciones incluyen la erradicación forzada de cultivos, operaciones policiales, y programas de sustitución de cultivos. Sin embargo, estos enfoques han tenido resultados mixtos, y la efectividad de las estrategias varía considerablemente dependiendo del contexto local y de la implementación de las políticas.

1. Estrategias Internacionales y Nacionales.

Erradicación Forzada de Cultivos.

La erradicación forzada de cultivos es una estrategia que busca eliminar las plantas utilizadas en la producción de drogas, como la coca, la amapola y la cannabis. Este enfoque incluye métodos tanto manuales como químicos.

Métodos Manuales: La erradicación manual implica la destrucción física de los cultivos, generalmente mediante la recolección y quema de las plantas. Aunque este método puede ser efectivo a corto plazo, a menudo resulta en la replantación en nuevas áreas, especialmente si no se aborda la causa subyacente de la producción de drogas.Uso de Herbicidas: La aplicación de herbicidas, como el glifosato, es una técnica común para destruir grandes áreas de cultivos ilícitos. Sin embargo, este enfoque ha sido objeto de controversia debido a los impactos negativos en el medio ambiente y en la salud de las comunidades locales. Además, los agricultores pueden recurrir a métodos de cultivo alternativos que son más difíciles de erradicar.

Desafíos:

Replantación y Desplazamiento: La erradicación forzada puede llevar a la replantación en áreas nuevas, a menudo en regiones ecológicamente sensibles. Además, puede causar desplazamiento forzado de los agricultores que pierden sus medios dc vida, aumentando la vulnerabilidad económica y social.

Impactos Ambientales y de Salud: El uso de herbicidas puede contaminar el agua y el suelo, afectando la salud de las personas y la biodiversidad local.

Operaciones Policiales y de Seguridad.

Las operaciones policiales y de seguridad buscan desmantelar las redes de tráfico de drogas, capturar a los líderes de organizaciones criminales, y destruir laboratorios clandestinos. Estas operaciones pueden ser nacionales o coordinadas internacionalmente.

Acciones de Seguridad: Las fuerzas de seguridad llevan a cabo redadas y operativos para desmantelar laboratorios de drogas y capturar a los miembros de organizaciones criminales. Esto puede incluir la cooperación entre países para interceptar envíos de drogas y desarticular redes internacionales.

Violencia y Conflictos: Las operaciones policiales pueden desencadenar conflictos violentos y enfrentamientos con grupos armados, lo que puede afectar a las comunidades locales y contribuir a la violencia generalizada.

Corrupción y Derechos Humanos: La lucha contra el tráfico de drogas puede estar marcada por problemas de corrupción y violaciones de derechos humanos, especialmente en contextos donde las instituciones de seguridad son débiles o corruptas.

Programas de Sustitución de Cultivos.

Los programas de sustitución de cultivos están diseñados para ofrecer alternativas económicas a los agricultores que cultivan plantas utilizadas en la producción de drogas. Estos programas buscan reemplazar los cultivos ilícitos con cultivos legales y proporcionar apoyo para el desarrollo económico.

Incentivos Económicos: Estos programas a menudo incluyen incentivos financieros, asistencia técnica y acceso a mercados para los agricultores que optan por cultivar productos legales en lugar de drogas.

Implementación y Sostenibilidad: Los programas de sustitución pueden enfrentar problemas de implementación debido a la falta de infraestructura, capacitación y acceso a mercados. Además, la sostenibilidad a largo plazo de estos programas puede ser incierta si no se abordan adecuadamente las necesidades y realidades locales.

Aceptación Comunitaria: La aceptación de los programas de sustitución por parte de las comunidades puede ser un desafío si los agricultores no ven beneficios inmediatos o si enfrentan barreras para adoptar nuevas prácticas agrícolas.

Cooperación Internacional y Sensibilidad Local.

Importancia de la Cooperación Internacional.

La cooperación internacional es fundamental en la lucha contra la producción de drogas ilícitas debido a la naturaleza transnacional del tráfico de drogas. Esta cooperación incluye el intercambio de información, la coordinación de operaciones, y el apoyo en la implementación de políticas.

Intercambio de Información: La colaboración entre países permite el intercambio de información sobre redes de tráfico, rutas de contrabando y métodos de producción. Esto puede mejorar la eficacia de las operaciones y ayudar a Identificar y desmantelar organizaciones criminales internacionales.

Asistencia Técnica y Financiera: Los países desarrollados y las organizaciones internacionales pueden proporcionar asistencia técnica y financiera a los países en desarrollo para fortalecer sus capacidades en la lucha contra el tráfico de drogas y en la implementación de programas de desarrollo alternativo.

Sensibilidad a las Realidades Locales

Para que las intervenciones internacionales sean efectivas, deben ser sensibles a las realidades locales y considerar tanto los aspectos económicos como sociales. Esto implica:Enfoques Adaptados a Contextos Locales: Las políticas y programas deben adaptarse a las condiciones locales, incluyendo las necesidades económicas, las estructuras sociales y las dinámicas culturales. Las soluciones impuestas sin considerar estas realidades pueden ser ineficaces o incluso contraproducentes.

Participación Comunitaria: La participación de las comunidades locales en el diseño e implementación de programas es crucial para asegurar que las soluciones sean aceptables y efectivas. Involucrar a los agricultores y a las comunidades afectadas en el proceso de toma de decisiones puede aumentar la probabilidad de éxito y la sostenibilidad de las intervenciones.

Estrategias Integrales: Las estrategias deben abordar no solo la producción de drogas, sino también los problemas subyacentes que impulsan la producción, como la pobreza, la falta de oportunidades económicas y la debilidad institucional. Un enfoque integral puede ayudar a abordar las causas profundas y mejorar los resultados a largo plazo.

Consideraciones para el Futuro

Para mejorar la eficacia de las respuestas internacionales y superar los desafíos actuales, es esencial:

Desarrollar Enfoques Basados en Evidencia: Evaluar continuamente la efectividad de las políticas y programas a través de investigaciones basadas en evidencia puede ayudar a ajustar las estrategias y a mejorar los resultados.

Fortalecer Instituciones Locales: Apoyar el fortalecimiento de las instituciones locales y el desarrollo de capacidades puede mejorar la implementación de políticas y la gestión de los programas de sustitución.

Promover la Justicia Social y Económica: Asegurar que las intervenciones no solo aborden la producción de drogas, sino también los problemas económicos y sociales subyacentes, es crucial para lograr un impacto positivo y sostenible en las comunidades afectadas.

En resumen, la respuesta internacional a la producción de drogas ilícitas enfrenta una serie de desafíos complejos y multifacéticos. Mientras que las intervenciones actuales incluyen estrategias como la erradicación forzada, operaciones policiales y programas de sustitución de cultivos, su efectividad varía y a menudo depende de factores contextuales y de implementación. La cooperación internacional, junto con un enfoque sensible a las realidades locales, es esencial para desarrollar soluciones integrales que aborden tanto los aspectos económicos como sociales de la producción de drogas ilícitas.

Rutas de la Cocaína: Un Análisis Detallado del Tráfico Internacional

La cocaína es una de las drogas ilícitas más lucrativas y de mayor demanda en el mercado global. La compleja red de tráfico que involucra la cocaína abarca diversas regiones, desde su producción inicial hasta su distribución final en los mercados de consumo. La ruta del tráfico de cocaína puede variar según las dinámicas del mercado, las intervenciones de las autoridades y las estrategias de las organizaciones criminales. A continuación, se desarrolla un análisis detallado de las principales rutas de la cocaína a nivel internacional.

Producción y Primeras Etapas de Tráfico

La cocaína se origina en la planta de coca, que se cultiva principalmente en tres países de América del Sur: Colombia, Perú y Bolivia. La región andina es ideal para el cultivo de coca debido a su clima y altitud.

Colombia: Es el mayor productor de cocaína del mundo, con extensas áreas dedicadas al cultivo de coca en regiones como el Amazonas, el Putumayo y el Catatumbo.

Perú: Tiene grandes áreas de cultivo de coca en la región de los Valles de los Ríos Apurímac, Ene y Mantaro (VRAEM) y en la región del Alto Huallaga.

Bolivia: Aunque produce menos cocaína en comparación con Colombia y Perú, Bolivia es también un importante productor, con cultivos en el Yungas y el Chapare.

Proceso de Producción.

Las hojas de coca se procesan en laboratorios clandestinos para producir pasta base de cocaína y, posteriormente, cocaína en polvo. Estos laboratorios suelen estar ubicados en áreas remotas para evitar la detección.

Laboratorios en la Selva: En Colombia y Perú, los laboratorios a menudo se encuentran en áreas forestales para evitar la vigilancia y la erradicación.

Transporte Interno: La pasta base o la cocaína se transporta a centros de refinación y preparación para su exportación, a menudo utilizando rutas escondidas a través de selvas y montañas.

Rutas de Tráfico Internacional

Ruta del Caribe

Transporte: La cocaína es enviada desde los países productores a través del Amazonas hacia la costa del Caribe en Colombia. Desde allí, es embarcada en lanchas rápidas o barcos cargueros hacia islas del Caribe o directamente hacia los Estados Unidos.

Puntos de Entrada: Las rutas comunes incluyen San Juan en Puerto Rico, Santo Domingo en la República Dominicana, y las Bahamas.-Distribución: Desde el Caribe, la cocaína es distribuida a los Estados Unidos, que es uno de los mayores mercados de consumo.

Ruta del Atlántico

Transporte: La cocaína se transporta desde los puertos de la costa atlántica de Colombia y Perú hacia Europa. Los cargamentos suelen ser escondidos en contenedores de carga o en grandes cantidades de productos legítimos.

Puntos de Entrada: Las principales rutas incluyen puertos en España (como Barcelona y Madrid), Países Bajos (como Ámsterdam), y Reino Unido (como Londres).

Distribución: Desde estos puntos de entrada, la cocaína se distribuye por toda Europa, con redes de distribución en países como Francia, Alemania e Italia.

Ruta del Pacífico

Transporte: La cocaína es transportada desde los puertos del Pacífico en Perú y Bolivia hacia México y los Estados Unidos. Esta ruta puede involucrar el uso de embarcaciones rápidas y contenedores marítimos.

Puntos de Entrada: Los principales puntos de entrada incluyen puertos en Guayaquil (Ecuador), Callao (Perú), y Manzanillo (México).

Distribución: Una vez en México, la cocaína se transborda a redes de distribución que la llevan a los Estados Unidos, donde es distribuida principalmente en grandes ciudades como Los Ángeles, Miami y Nueva York.

Ruta de la Amazonía

Transporte: Esta ruta implica el uso de rutas fluviales y terrestres en la región amazónica para transportar la cocaína desde los países productores hacia Brasil. Desde allí, la cocaína puede ser enviada a mercados en Europa y África.

Puntos de Entrada: Manaus y Belem en Brasil son puntos importantes en esta ruta.

Distribución: Desde Brasil, la cocaína puede ser transportada a través del Atlántico hacia

África (especialmente a países como Nigeria y Sudáfrica) y luego a Europa.

Desafíos y Dinámicas del Tráfico de Cocaína

Estrategias de las Organizaciones Criminales

Diversificación de Métodos: Las organizaciones criminales diversifican sus métodos de transporte para evitar la detección. Esto incluye el uso de submarinos semisumergibles, aeronaves ligeras y lanchas rápidas.

Corrupción y Cooptación: Estas organizaciones a menudo cooptan o corrompen a funcionarios locales para facilitar el tránsito de la droga a través de las fronteras y puertos.

Intervenciones y Contramedidas

Operaciones de Interdicción: Las fuerzas de seguridad de diversos países realizan operaciones para interceptar cargamentos de cocaína en rutas marítimas, aéreas y terrestres.

Programas de Erradicación: Existen esfuerzos para erradicar los cultivos de coca mediante la fumigación aérea y la erradicación manual, aunque estos métodos tienen sus propios desafíos y efectos adversos.

Impacto en las Comunidades Locales

Vlencia y Conflictos: Las regiones productoras y las áreas de tránsito a menudo sufren violencia y conflictos relacionados con el control de rutas de tráfico y la protección de los cargamentos.

Economías de Cultivo: Los agricultores que cultivan coca a menudo enfrentan desafíos económicos y sociales significativos, ya que la producción de cocaína puede ser una de las pocas opciones económicas disponibles en regiones empobrecidas.

Respuestas y Soluciones

Cooperación Internacional

La cooperación entre países es esencial para combatir el tráfico de cocaína. Esto incluye acuerdos de intercambio de información, operaciones conjuntas y apoyo en la implementación de políticas antidrogas.

Desarrollo Alternativo

Implementar programas de desarrollo alternativo que ofrezcan a los agricultores opciones económicas sostenibles es crucial para reducir la dependencia del cultivo de coca.

Fortalecimiento de las Capacidades Locales

Apoyar a las comunidades locales y fortalecer las instituciones gubernamentales puede ayudar a mejorar la eficacia de las estrategias de control y reducir la influencia de las organizaciones criminales.

Rutas de la Heroína: Un Análisis Exhaustivo del Tráfico Internacional

La heroína, una droga derivada del opio, es producida principalmente en el sudeste asiático, particularmente en países como Afganistán, Birmania (Myanmar) y Laos. La ruta del tráfico de heroína es compleja y extensa, involucrando múltiples etapas desde su producción hasta su distribución en mercados de consumo global. A continuación se detalla el trayecto típico de la heroína desde su origen hasta los mercados de consumo.

Producción y Primeras Etapas de Tráfico.

Cultivo de Amapola.

La heroína se origina a partir de la adormidera, una planta cultivada en regiones específicas del sudeste asiático y Afganistán.

Afganistán: Es el mayor productor mundial de opio, con grandes áreas dedicadas al cultivo de amapola en provincias como Helmand, Kandahar y Nangarhar.

Birmania (Myanmar): Los estados Shan y Kachin son las principales regiones productoras de amapola.

Laos: El triángulo dorado, que abarca partes de Laos, Birmania y Tailandia, es una zona importante para el cultivo de amapola.

Procesamiento.

El proceso de transformación del opio en heroína implica varios pasos:

Extracción de Opio: La goma de opio se obtiene al cortar las cápsulas de las amapolas y recolectar el látex que se filtra. Esta goma se seca y se convierte en una sustancia pegajosa.

Conversión a Morfina: La goma de opio se convierte en morfina mediante un proceso químico que implica disolución en agua y reacción con reactivos.

Acetilación: La morfina se transforma en heroína mediante acetilación en laboratorios clandestinos, utilizando ácido acético anhidro. El resultado puede ser heroína en forma de polvo blanco o marrón, o una sustancia más dura conocida como "tar".

Rutas de Tráfico Internacional. Ruta del Este.

Transporte: La heroína es transportada desde Afganistán y los países vecinos hacia el este, atravesando países como Pakistán e India.

Puntos de Entrada: La heroína puede llegar a puertos importantes en la región, como Karachi en Pakistán y Mumbai en India.

Distribución: Desde estos puntos, la heroína es distribuida en mercados de consumo en Asia Oriental, incluyendo China, Hong Kong y Japón. Las rutas pueden incluir tránsito a través de regiones como Tailandia y Malasia.

Ruta del Sur.

Transporte: La heroína se transporta desde Afganistán a través del sur, cruzando Irán y Turquía.

Puntos de Entrada: La heroína entra en Turquía por medio de rutas terrestres y a menudo se oculta en cargamentos comerciales. Puertos clave en Estambul y Salónica son puntos de entrada importantes.

Distribución: Desde Turquía, la heroína se distribuye hacia Europa, con rutas que incluyen tránsito a través de Bulgaria, Rumanía y Serbia. Las principales ciudades de destino en Europa incluyen Ámsterdam, Londres y Frankfurt.

Ruta del Norte.

Transporte: Esta ruta implica el transporte de heroína desde Afganistán a través del norte, cruzando países como Uzbekistán y Kazajistán, y luego hacia Rusia.

Puntos de Entrada: En Rusia, la heroína entra en ciudades como Moscú y San Petersburgo.

Distribución: Desde Rusia, la heroína puede ser distribuida a otros países de Europa del Este y del Norte, incluyendo Polonia y Suecia.

Ruta del Océano Índico.

Transporte: La heroína es transportada desde las costas del sur de Asia hacia África, utilizando rutas marítimas a través del Océano Índico.

Puntos de Entrada: Puertos clave en Mombasa (Kenya) y Dar es Salaam (Tanzania) son puntos importantes de entrada en África.

Distribución: Desde África, la heroína se distribuye a mercados en Sudáfrica y Nigeria, y puede ser enviada también hacia Europa a través de rutas de tránsito.

Desafíos y Dinámicas del Tráfico de Heroína.

Estrategias de las Organizaciones Criminales.

Diversificación de Métodos: Las organizaciones criminales utilizan una variedad de métodos para evadir la detección, incluyendo el uso de rutas escondidas y métodos de transporte sofisticados como submarinos y aeronaves ligeras.

Redes de Distribución: Estas redes pueden involucrar múltiples niveles de intermediarios, desde productores locales hasta traficantes internacionales.

Intervenciones y Contramedidas.

Operaciones de Interdicción: Las agencias de seguridad y antidrogas realizan operativos para interceptar cargamentos de heroína y desmantelar redes de tráfico. Esto incluye operaciones en puertos marítimos, aeropuertos y puntos de entrada terrestres.

Programas de Erradicación: La erradicación de cultivos de amapola mediante fumigación y otras técnicas es una estrategia utilizada para reducir la producción de opio.

Impacto en las Comunidades Locales

Violencia y Conflictos: Las regiones productoras y las rutas de tránsito suelen experimentar violencia y conflictos relacionados con el control de territorios y el tráfico de drogas.

Economías de Cultivo: En regiones productoras, el cultivo de amapola puede ser una fuente crucial de ingresos para los agricultores, lo que complica los esfuerzos para erradicar los cultivos sin ofrecer alternativas económicas viables.

Respuestas y Solucione

Cooperación Internacional

La cooperación entre países y agencias internacionales es esencial para combatir el tráfico de heroína. Esto incluye el intercambio de información, la coordinación de operaciones conjuntas y el apoyo en la implementación de políticas antidrogas.

Desarrollo Alternativo

Implementar programas de desarrollo alternativo que ofrezcan a los agricultores opciones económicas sostenibles es fundamental para reducir la dependencia del cultivo de amapola.

Fortalecimiento de las Capacidades Locales

Apoyar a las comunidades locales y fortalecer las instituciones gubernamentales en las regiones afectadas puede mejorar la eficacia de las estrategias de control y reducir la influencia de las organizaciones criminales.

Rutas de la Metanfetamina: Un Análisis Integral del Tráfico Internacional

La metanfetamina es una droga sintética altamente adictiva que ha ganado una presencia significativa en los mercados de consumo globales. A diferencia de las drogas derivadas de plantas, la metanfetamina se produce en laboratorios utilizando precursores químicos, lo que plantea un conjunto diferente de desafíos en términos de tráfico y distribución. Las rutas del tráfico de metanfetamina son complejas y pueden variar según la región, pero en general siguen patrones distintivos desde su producción hasta los mercados de consumo. A continuación, se desarrolla un análisis detallado de las principales rutas de tráfico de metanfetamina.

Producción y Primeras Etapas de Tráfico

Producción de Metanfetamina

La metanfetamina se produce a partir de precursores químicos como la efedrina y la pseudoefedrina, que se encuentran en ciertos medicamentos de venta libre. Los laboratorios clandestinos donde se produce la metanfetamina pueden variar en tamaño, desde pequeños talleres en residencias hasta grandes instalaciones industriales.

México: Es uno de los principales países productores de metanfetamina para el mercado de Estados Unidos. Los laboratorios clandestinos están ubicados en áreas remotas y en el interior de casas y almacenes.

Estados Unidos: También se producen metanfetaminas, especialmente en laboratorios clandestinos en estados como Missouri, California y Oregón.

Asia: Países como China y India han estado involucrados en la producción de metanfetamina, con laboratorios que a menudo utilizan precursores químicos adquiridos localmente o importados.

Transporte Inicial

Una vez producida, la metanfetamina se prepara para su distribución y transporte. La metanfetamina puede ser empaquetada en diferentes formas, como polvo o cristales, y transportada a través de diversas rutas.

Empaque y Disposición: La metanfetamina se empaqueta en bolsas selladas o en envoltorios discretos para evitar la detección durante el transporte.

Métodos de Transporte: Puede ser transportada en vehículos personales, camiones de carga, y a veces incluso en compartimentos ocultos en aeronaves y embarcaciones.

Rutas de Tráfico Internacional

Ruta Norteamericana

Transporte: La metanfetamina producida en México y Estados Unidos se transporta a través de la frontera hacia Estados Unidos. Los cargamentos se mueven principalmente por carretera, utilizando camiones y vehículos personales.

Puntos de Entrada: Las principales rutas incluyen la frontera entre México y Estados Unidos, con puntos clave de entrada como San Diego, El Paso y Laredo.

Distribución: Una vez en Estados Unidos, la metanfetamina se distribuye a través de redes criminales en ciudades importantes como Los Ángeles, Chicago y Nueva York.

Ruta del Pacífico

Transporte: La metanfetamina puede ser transportada desde Asia (particularmente desde China y India) hacia los mercados de Estados Unidos y América del Sur a través del Océano Pacífico.

Puntos de Entrada: Puertos clave en Los Ángeles y Seattle en Estados Unidos son puntos importantes para el tráfico de metanfetamina proveniente de Asia.

Distribución: Desde estos puntos de entrada, la metanfetamina se distribuye a otros mercados en Estados Unidos y puede ser enviada hacia el sur a México y Centroamérica.

Ruta del Atlántico

Transporte: La metanfetamina producida en Asia también puede ser transportada hacia Europa a través del Atlántico.

Puntos de Entrada: Puertos en Rotterdam (Países Bajos), Amberes (Bélgica) y Barcelona (España) son puntos claves en esta ruta.

Distribución: Una vez en Europa, la metanfetamina se distribuye en mercados importantes como Ámsterdam, Londres y Berlín.

Ruta del Sudeste Asiático

Transporte: En el sudeste asiático, la metanfetamina se produce en laboratorios clandestinos en Birmania (Myanmar), Tailandia y Laos, y se transporta a través de la región.

Puntos de Entrada: La metanfetamina se distribuye a través de redes de tráfico que conectan estos países con mercados en China, Vietnam y Camboya.

Distribución: Dentro de Asia, la metanfetamina se mueve a través de rutas terrestres y fluviales hacia grandes centros urbanos y mercados de consumo.

Desafíos y Dinámicas del Tráfico de Metanfetamina

Estrategias de las Organizaciones Criminales

Métodos de Producción: Las organizaciones criminales adaptan sus métodos de producción para evadir las leyes y regulaciones sobre precursores químicos. Utilizan químicos de origen desconocido o alternativo para la síntesis de metanfetamina.

Diversificación de Rutas: Para minimizar riesgos, las organizaciones diversifican sus rutas de transporte y distribución, utilizando técnicas como compartimentos ocultos y transporte a través de múltiples puntos de entrada.

Intervenciones y Contramedidas

Control de Precursores: Las autoridades intentan controlar la venta y distribución de precursores químicos utilizados en la producción de metanfetamina. Esto incluye regulaciones más estrictas sobre la venta de medicamentos que contienen efedrina y pseudoefedrina.

Operaciones de Interdicción: Las fuerzas de seguridad llevan a cabo operativos para interceptar cargamentos de metanfetamina y desmantelar laboratorios clandestinos.

Impacto en las Comunidades Locales

Problemas de Salud y Seguridad: La producción de metanfetamina implica el uso de químicos peligrosos que pueden afectar la salud de los trabajadores y las comunidades cercanas. Los residuos tóxicos también pueden contaminar el suelo y el agua.

Violencia y Criminalidad: Las áreas involucradas en la producción y tráfico de metanfetamina a menudo enfrentan altos niveles de violencia y criminalidad debido a las disputas entre organizaciones criminales y la competencia por el control de rutas de tráfico.

Respuestas y Soluciones

Cooperación Internacional

La cooperación internacional es esencial para abordar el tráfico de metanfetamina. Esto incluye el intercambio de información entre países, la coordinación de operaciones antidrogas y el apoyo en el desarrollo de capacidades para enfrentar el tráfico.

Regulación de Precursores

Implementar y reforzar regulaciones sobre la venta y distribución de precursores químicos puede ayudar a reducir la producción de metanfetamina. Esto incluye controles más estrictos en la venta de medicamentos que contienen efedrina y pseudoefedrina.

Desarrollo de Alternativas y Rehabilitación

Ofrecer alternativas económicas a los involucrados en la producción de metanfetamina, así como programas de rehabilitación para los adictos, puede ayudar a reducir la demanda y la oferta de la droga.

Beneficiarios del Tráfico de Drogas: Un Análisis de los Intereses Económicos y Sociales

El tráfico de drogas ilícitas es una actividad económica global que involucra una red compleja de actores y beneficiarios. Los beneficios económicos del tráfico de drogas se distribuyen entre diversas partes a lo largo de la cadena de producción y distribución, desde los agricultores en las regiones de cultivo hasta los grandes carteles internacionales. A continuación, se exploran los diferentes grupos que se benefician del tráfico de drogas y cómo estos beneficios impactan a nivel económico, social y político.

Productores y Agricultores

Cultivadores de Cultivos Ilícitos

Economía de Subsistencia: En muchas regiones empobrecidas, como las áreas rurales de América del Sur (para la cocaína) o el sudeste asiático (para la heroína), los agricultores cultivadores de plantas como la coca o la amapola pueden obtener ingresos significativamente mayores al vender sus cultivos a los traficantes en comparación con la agricultura tradicional.

Incentivos Económicos: Dado que la agricultura de cultivos ilícitos a menudo ofrece un retorno financiero mucho más alto en comparación con los cultivos legales, los agricultores pueden verse atrapados en un ciclo de dependencia económica hacia estos cultivos. La falta de alternativas económicas viables en sus regiones contribuye a que continúen con estos cultivos.

Organizaciones Criminales y Carteles

Carteles de Drogas y Redes de Tráfico

Beneficios Financieros: Los carteles y las organizaciones criminales que controlan la producción, el transporte y la distribución de drogas ilícitas obtienen enormes beneficios financieros. La venta de drogas en el mercado negro puede generar márgenes de ganancia exorbitantes. Por ejemplo, el precio de la cocaína puede multiplicarse por decenas de veces su costo inicial desde el punto de producción hasta el consumidor final.

Reinversión en Actividades Delictivas: Las ganancias obtenidas se reinvierten en otras actividades delictivas, como la compra de armas, el soborno de funcionarios y la expansión de sus operaciones. Esto fortalece su poder e influencia tanto a nivel local como internacional.

Intermediarios y Distribuidores

Redes de Distribución y Vendedores Locales

Ingresos por Distribución: Los intermediarios y distribuidores, que actúan entre los productores y los puntos de venta al por menor, también obtienen beneficios considerables. Su papel en la cadena de suministro implica recibir y redistribuir drogas a menor escala, obteniendo ingresos a través de márgenes de venta.

Riesgo y Recompensa: Aunque enfrentan riesgos significativos, como arrestos y violencia, los beneficios económicos de este tráfico pueden ser altos, lo que atrae a muchos a participar en este mercado.

Lavadores de Dinero y Financieros

Lavado de Dinero y Actividades Financieras

Lavado de Dinero: Las ganancias obtenidas del tráfico de drogas a menudo son blanqueadas a través de una serie de métodos financieros para integrarlas en la economía legal. Empresas fachada, inversiones en bienes raíces y otros métodos son utilizados para ocultar el origen ilícito del dinero.

Beneficios Económicos: Los expertos en lavado de dinero y las instituciones financieras involucradas en estas actividades también obtienen ingresos significativos al facilitar la integración de estos fondos en el sistema financiero global.

Grupos Armados y Organizaciones Criminales

Organizaciones Guerrilleras y Grupos Armados

Financiación de Actividades: En algunas regiones, como en Colombia con las FARC o en el sudeste asiático con ciertos grupos insurgentes, las organizaciones guerrilleras o grupos armados se financian en parte a través del tráfico de drogas. El control de territorios para la producción y el tráfico de drogas les proporciona recursos para sus operaciones militares y políticas.

Reclutamiento y Control: Los recursos financieros obtenidos del tráfico de drogas también se utilizan para reclutar y mantener a miembros del grupo, así como para ejercer control sobre las regiones que dominan.

Impacto en la Sociedad y el Estado

Efectos Colaterales en las Comunidades y Gobiernos

Violencia y Corrupción: Las comunidades en áreas de cultivo y tráfico de drogas suelen sufrir altos niveles de violencia y corrupción. El poder de los carteles y las organizaciones criminales puede corromper a funcionarios públicos, desestabilizando las instituciones y afectando la gobernabilidad.

Problemas de Salud Pública: El tráfico de drogas tiene un impacto significativo en la salud pública, tanto para los usuarios como para las comunidades expuestas a la violencia y el crimen asociados con el tráfico.

Conclusiones

El tráfico de drogas es un fenómeno económico global con una red amplia de beneficiarios que incluyen desde pequeños agricultores hasta grandes organizaciones criminales y financieros. Aunque estos actores obtienen beneficios significativos, las repercusiones para las comunidades, la seguridad pública y la estabilidad social son profundas y complejas. Combatir el tráfico de drogas requiere un enfoque integral que aborde tanto las dimensiones económicas como las sociales del problema, proporcionando alternativas viables para los involucrados en la producción y distribución, y fortaleciendo las instituciones encargadas de la seguridad y la justicia.